¿QUÉ ES CTIAM?

¿QUÉ SON LOS TRABAJOS DE CTIAM?

BY THERESA EMMINIZER

Gareth Stevens
PUBLISHING

Please visit our website, www.garethstevens.com. For a free color catalog of all our high-quality books, call toll free 1-800-542-2595 or fax 1-877-542-2596.

Cataloging-in-Publication Data
Names: Emminizer, Theresa.
Title: ¿Qué son los trabajos de CTIAM? / Theresa Emminizer.
Description: New York : Gareth Stevens Publishing, 2024. | Series: What is STEAM? | Includes glossary and index.
Identifiers: ISBN 9781538291115 (pbk.) | ISBN 9781538291122 (library bound) | ISBN 9781538291139 (ebook)
Subjects: LCSH: Science–Vocational guidance–Juvenile literature. | Technology–Vocational guidance–Juvenile literature. | Engineering–Vocational guidance–Juvenile literature. | Art–Vocational guidance-Juvenile literature. | Mathematics–Vocational guidance–Juvenile literature.
Classification: LCC Q147.E46 2023 | DDC 502.3–dc2

Published in 2024 by
Gareth Stevens Publishing
2544 Clinton Street
Buffalo, NY 14224

Copyright © 2024 Gareth Stevens Publishing

Designer: Leslie Taylor
Editor: Theresa Emminizer
Translator: Michelle Richau

Photo credits: Series Art (background art) N.Savranska/Shutterstock.com; Cover Dragon Images/Shutterstock.com; p. 5 Basileus/Shutterstock.com; p. 7 Frecca/Shutterstock.com; p. 9 Ground Picture/Shutterstock.com; p. 11 Dmytro Zinkevych/Shutterstock.com; p. 13 Artur Didyk/Shutterstock.com; p. 15 Andrey_Popov/Shutterstock.com; p. 17 wavebreakmedia/Shutterstock.com; p. 19 Yuricazac/Shutterstock.com; p. 21 Djavan Rodriguez/Shutterstock.com.

All rights reserved. No part of this book may be reproduced in any form without permission in writing from the publisher, except by a reviewer.

Printed in the United States of America

Some of the images in this book illustrate individuals who are models. The depictions do not imply actual situations or events.

CPSIA compliance information: Batch #CSGS24: For further information contact Gareth Stevens at 1-800-542-2595.

CONTENIDO

¿Qué harás?... 4
Trabajos de las ciencias ... 6
Trabajos de la tecnología ... 8
Trabajos de la ingeniería ... 10
Trabajos de las artes ... 12
Trabajos de las matemáticas ... 14
Habilidades de CTIAM ... 16
Haz lo que te encanta ... 20
Glosario ... 22
Más información ... 23
Índice ... 24

Palabras de **negrita** aparecen en el glosario.

¿Qué harás?

¿Qué quieres hacer cuando eres adulto? ¡Es una gran pregunta responder! Empezar pensar en lo que te gusta es una buena forma de empezar. ¿Te interesa **CTIAM**? ¡En nuestro mundo que cambia tan rápidamente, hay una necesidad creciente para los trabajadores de CTIAM!

Trabajos de las ciencias

El trabajo de un científico es sobre entender el mundo que nos rodea. Los científicos aprenden por hacer **investigaciones** y **experimentos**. Hay muchos campos de las ciencias, o áreas de estudio. Por ejemplo, los zoólogos estudian los animales. Frecuentemente trabajan en los zoológicos y los parques de la vida silvestre.

Trabajos de la tecnología

El trabajo de la tecnología es sobre inventar, o hacer, herramientas útiles y encontrar las respuestas a los problemas. Las ciencias, las matemáticas, y la ingeniería son partes significativas de los trabajos de tecnología. ¡Si te encanta pasar tiempo usando la computadora, quizás te gustaría un trabajo en el campo de la tecnología!

Trabajos de la ingeniería

Los ingenieros usan las ciencias y las matemáticas para construir mejores objetos, o cosas. Los ingenieros planean y construyen máquinas, sistemas, y **estructuras**, ¡desde los coches hasta las calles y los puentes! Si te gusta construir y **diseñar**, quizás te gustaría ser ingeniero.

Trabajos de las artes

Los artistas usan sus **imaginaciones** para encontrar nuevas maneras de compartir sus pensamientos, sentimientos, e ideas con otras personas. ¡Algunos lo hacen por dibujar y pintar, otros por bailar o hacer la música! El arte es sobre **crear** algo que comparte tus sentimientos con otros.

Trabajos de las matemáticas

Las matemáticas son el estudio de los números. Los matemáticos buscan **patrones** en los números e inventan nuevas maneras de responder a los problemas y hacer las cosas. Hay muchos trabajos diferentes en las matemáticas. Por ejemplo, el trabajo de las finanzas es sobre estudiar el dinero y como se lo gasta.

Habilidades de CTIAM

Sin importar si es trabajo de las ciencias, la tecnología, la ingeniería, el arte, o las matemáticas, cada trabajo de CTIAM es sobre explorar. ¡Esto significa buscar para encontrar nuevas cosas! Por los campos diferentes de estudio, los trabajadores de CTIAM comparten una colección de habilidades.

Las personas que practican CTIAM deben ser **curiosos**. Deben hacer preguntas. Deben hacer experimentos y pensar creativamente para solucionar los problemas. Sobre todo, deben estar listos a cometer errores y empezar de nuevo.

Haz lo que te encanta

¿Qué te interesa lo más? ¡Quizás te desata aprender sobre las ciencias! Quizás piensas sobre como funcionan las cosas, o consideras como hacer las cosas de una manera mejor. Quizás te encanta tomar las fotos. ¿Puede ser un trabajo de CTIAM lo mejor para ti?

GLOSARIO

crear: Hacer algo.

CTIAM: Significa ciencias, tecnología, ingeniería, arte, y matemáticas.

curioso: Querer saber o aprender algo.

diseñar: Crear el patrón o la forma de algo.

estructura: Algo construido.

experimentos: Pruebas científicas o acciones que se hace para aprender algo.

imaginación: Un lugar en la mente donde imaginas cosas o creas nuevas ideas.

investigaciones: Lo que se hace para estudiar y aprender más sobre algo.

patrón: La manera en que algo ocurre repetidamente.

MÁS INFORMACIÓN

LIBROS

Brundle, Joanna. *My Job in Math.* New York, NY: PowerKids Press, 2022.

Brundle, Joanna. *My Job in Science.* New York, NY: PowerKids Press 2022.

SITIOS WEB

Ciencias de NASA
spaceplace.nasa.gov/science/en/
Aprender pensar científicamente por hacer preguntas y hacer observaciones.

Amiguitos de Ciencia
www.sciencebuddies.org/science-fair-projects/project-ideas/first-grade
¡Diviértete con CTIAM! Explora con estos experimentos por Science Buddies.

Nota del editor a los educadores y padres: nuestro personal especializado ha revisado cuidadosamente estos sitios web para asegurarse de que son apropiados para los estudiantes. Muchos sitios web cambian con frecuencia, así que no podemos garantizar que su contenido futuro cumpla con nuestros estándares de calidad y valor educativo. Tengan presente que se debe supervisar cuidadosamente a los estudiantes siempre que tengan acceso al Internet.

ÍNDICE

animal, 6
arte, 12, 16
bailar, 12
ciencias, 6, 8, 10, 16, 20
computadora, 8
construir, 10
dibujar, 12
estructura, 10
experimento, 6, 18

finanzas, 14
habilidad, 16
ingeniería, 8, 10, 16
investigación, 6
matemáticas, 8, 10, 14, 16
máquina, 10
pintar, 12
tecnología, 8, 16
zoológico, 6